"나이 먹는 게 두렵다고요?
이 책에는 더 지혜롭고 더 유쾌한
나이 먹는 법이 있습니다"

나이 먹는
그림책

나이 먹는 그림책

지혜롭게 나이 먹는 인생 키워드

초판 1쇄 인쇄 2025년 12월 15일
초판 1쇄 발행 2026년 1월 2일

지은이 탁소

편집 이고호 **디자인** 김문비 **마케팅** 김다정 박재원
브랜딩 함유지 김은솔 박민재 이송이 박다솔 조다현 김하연 이준희 신은서
제작 강신은 김동욱 이순호 **제작처** 상지사

펴낸곳 (주)교유당 **펴낸이** 신정민
출판등록 2019년 5월 24일 제406-2019-000052호

주소 10881 경기도 파주시 회동길 210
전화 031.955.8891(마케팅) 031.955.2680(편집) 031.955.8855(팩스)
전자우편 gyoyudang@munhak.com

홈페이지 www.gyoyudang.com
인스타그램 @thinkgoods **트위터** @think_paper **페이스북** @thinkgoods

ISBN 979-11-24128-31-2 03810

싱긋은 (주)교유당의 교양·에세이 브랜드입니다.

지혜롭게 나이 먹는 인생 키워드

싱긋

"당신은 몇 살이세요?"

어른으로

가는

키워드

『나이 먹는 그림책』이 세상에 나온 지 벌써 15년이 되었습니다
저 역시 나이를 먹어가며 마음도 가치관도 조금씩 변했습니다
그래서 부족하다고 느꼈던 글과 그림 들을
현재의 시선으로 더 직관적이고, 더 단단하게 준비해보았습니다

이 책은 유쾌하게 나이 먹는 그림책입니다
물리적 나이가 아니라 정신적 나이를 의미합니다
보이지 않는 가치를 깨달아갈 때 나이를 먹는다고 생각합니다
진짜 어른이 되어간다고 생각합니다

『나이 먹는 그림책』은 제가 살면서 경험하고, 듣고, 깨달은 것을 바탕으로
일기, 편지, 다짐, 질문 형식으로 자유롭게 쓴 글입니다
인생에서 가치 있고 의미 있는 키워드를 선별하여
그림 하나하나에 위트 있는 메시지를 담고자 애썼습니다

저는 『나이 먹는 그림책』을 통해 두 가지를 깨달았습니다
하나는 중요하고 의미 있는 것은 우리 눈에 보이지 않는다는 사실입니다
HOPE(희망), LOVE(사랑), DREAM(꿈), TIME(시간) 같은 게 그렇습니다
이들은 한 번에 그 가치를 알아챌 수 없는 것들입니다
긴 시간 동안 느끼고, 매번 새롭게 깨달아야 '진짜 나이'를 먹는다는 것입니다

다른 하나는 나이를 먹는 게 꼭 나쁜 것만은 아니라는 것입니다
좁았던 시야가 넓어지면서 그동안 보지 못했던 세상을
새롭게 발견하는 즐거움이 있으니까요
나이를 먹으면서 하나씩 깨달으면서 행복한 게 많았습니다

이 책에 나오는 키워드들이
세상을 살아가는 데 조금이라도 힘이 되었으면 좋겠습니다

2026년을 맞이하며
탁소 드림

시작

TAKSO

나는 필요한 사람일까 ?

의자는 네 개의 다리로 버틴다
그중 다리 하나만 없어도
의자는 의자로 역할을 못한다

나는 의자의 다리처럼
꼭 필요한 존재일까?

HOPE
TAKSO

실패의 발이 짓밟으려 해도…
좌절의 발이 짓밟으려 해도…
괜찮아
희망이 있으니까…

실패가 크다고 겁낼
필요 없어
좌절이 무겁다고 움츠러들
필요도 없어
희망이 있으니까…

LOVE
TAKSO

사랑으로 안아주세요.

love

서운한 일이 있어도
마음이 상한 날이 있어도
사랑으로 안아주세요

사람과 사람 사이엔
관계보다 따뜻함이 먼저이니까요

우리의 인생은 너무 짧고
우리 곁에 머무는 시간은 더 짧아요

기다리지 말고
먼저 손 내밀고 안아주세요

TRUST
TAKSO

믿음이 없으면
작은 바람에도 흔들려

믿음이 없으면
의심하고 불안해져

믿음이 있으면
우리를 하나로 단단하게 묶어줘
강하게 만들어줘

믿음이 있어
세상이 두렵지 않아

믿으니까 괜찮아.

trust

SIMPLE

simple
복잡하게
살지 마.

미묘하게 당신이 했던 말…
알쏭달쏭 그녀가 했던 말…
이상하게 그대가 했던 말…

생각에 생각이 꼬리를 문다
복잡하게 생각하지 마

인생은 짧다
머리는 작다

SMILE
TAKSO

smile

언제나 웃어요.

나이보다 미소가 먼저
보이는 사람이 있어
늘 기분좋게 웃는 사람이야

웃음은 주변을 편안하게 하고
긍정의 에너지를 주는 특별함이 있어

기억해
지금 웃는 모습이
가장 젊고 아름다운 웃음이야

C
TAKSO
P
R A
T I C E

연습은
퍼펙트를
만든다.

처음 프레젠테이션할 때 떨리지
운전할 때는 차선 바꾸는 것이 두렵지
AI 기기는 낯설고 어렵기만 해

누구나 처음에는 서툴 수밖에 없어
그러나 연습을 하면
점점 완벽하게 만들어줄 거야

한 살 한 살 나이를 먹어도
걱정할 필요 없어
연습으로 하나씩 극복하면 되니까

KNOW
TAKSO

know

아는 만큼 세상이 보인다.

같은 풍경도 아는 사람이 보면
다르게 보여

모르고 보면 풍경이지만
알고 보면 그 안에 스토리가 보여

세상을 하나씩 하나씩
알아가봐

알면 알수록 보이지 않았던 것들이
보이기 시작할 거야

TAKSO

내 안에 다양한 내가 있어.

내 안의 다양한 나를 발견해

천사 같은 나

악마 같은 나

질투하는 나

아이 같은 나

거짓된 나

진실한 나

가끔은 천사가 이기고

가끔은 악마가 이긴다

진짜 나는 누구일까?

CHOICE

choice

인생은 선택의 연속.

아침에는 무엇을 먹을까?
어떤 옷을 입을까?
어떤 일부터 처리할까?

눈뜨는 순간부터
일상은 수많은 선택의 연속이야

선택은 순간이지만
결과는 오래도록 따라와

나는 잘 선택하고
사는 걸까?

CHANGE
TAKSO

변화가 기회다.

change

change라는 단어에서
단 하나의 철자만 바꾸면
chance가 돼

변화를 두려워하지 말고
한 걸음만 용기 내서 움직여봐

그 한 걸음이
새로운 길로 이끌 수 있어
변화는 두려움이 아니라 찬스야

TAKSO

나를 깨우자.

wake

아는 것보다
스스로 깨달을 때
자신이 보이고
세상이 보여

깨달음이
하나씩 쌓이면서
진짜 어른으로
성장하는 거야

FUTURE

future

빛나는 미래를 상상해.

미래는 기다리는 게 아니야
긍정적으로 상상하면서 그려가는 거야

미래를 어떻게 바라보느냐에 따라
살아가는 자세가 달라지고
인생의 방향도 달라져

빛나는 미래를 상상해봐
너의 꿈을 밝게 비춰줄 거야

CHEER

UP

힘내.

cheer up

지금 실패했다고 해서
좌절하지 마

태양이 보이지 않는다고
사라진 건 아니야

내면의 힘은
생각보다 크고 강하니까
얼른 일어나

TAKSO

우물쭈물하지 마.

중요한 약속이라면
더 빨리 준비하고 움직여

1분이 인생을 완전히
바꿔놓을 수도 있어

기회의 버스는
너만을 기다려주지 않아

action

이제부터 액션.

매일매일 생각만 해?
오늘도 할까 말까 고민해?

하루종일 생각만 하면
아무 일도 일어나지 않아

지금 바로
액션 버튼을 눌러

폼나게 시작하고
폼나게 날아보는 거야

CRAZY
TAKSO

crazy

미치자!
인생 뭐 있어.

좋아하는 일에 미치면
실패도 결과도 두렵지 않아
그저 과정이 즐겁고 설레니까

진짜 좋아하는 일을 찾아봐
그 안에 답이 있을 거야

TAKSO

mistake

실수해도 괜찮아
말 그대로 실패가 아닌 실수잖아

인생을 길게 놓고 보면
순간의 실수는 그다지 중요하지 않아
사람들은 그 실수에 대해
신경도 쓰지 않아

실수 때문에 매일 걱정하는 사람
실수를 교훈삼아 내일을 준비하는 사람

누가 더 지혜로울까?

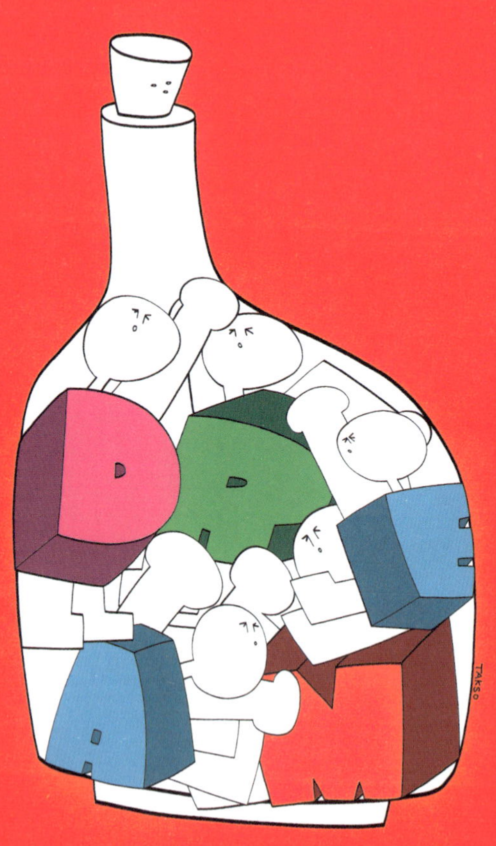

꿈을 가두지 마세요.
dream

누구나 마음속엔
깨어나지 않은 꿈들이 있어

그 꿈들은 언제나
세상 밖으로 나갈 준비를 하고 있어

쉽게 이룰 수 없는 꿈일수록
더 강하게 마음속에서 꿈틀대지

더이상 꿈을 가두지 마
세상 밖으로 마음껏 펼쳐

“당신의 꿈은 어디에 있습니까?”

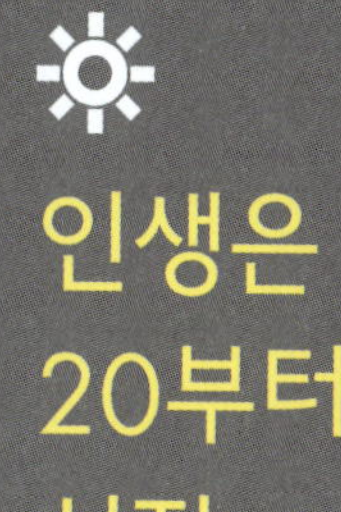

인생은 20부터 시작

계획이 길을 만든다.

계획을 세운다는 건
머릿속 낡은 생각을 청소하는 거야
새롭게 인테리어하는 거야

복잡하고 지저분한 생각은 버리고
새롭고 설레는 계획을
하나씩 만들어봐

그 계획이
네가 원하는 길을
만들어줄 거야

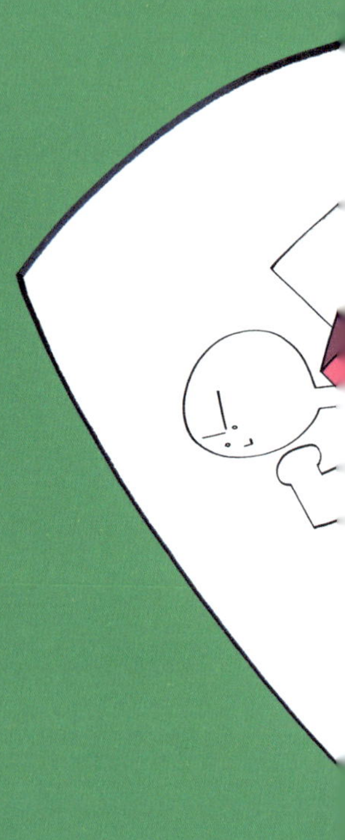

TAKSO

W
I
S
E
TAKSO

wise 나는 지혜로운가?

똑똑한 것보다
착한 것보다
인생에서 더 중요한 것은
지혜라고 생각해

지혜는
어디서 배우는 게 아니라
하나씩 깨달으면서
내 안에서 자라는 거야

그러니까
나이 먹는 것을 두려워할 필요 없어
지혜가 자라고 있으니까

RUN
TAKSO

달려야 바람을 느낄 수 있어.

시원한 바람을 느끼고 싶다면
제자리에 서 있지 말고 달려야 해

한 걸음 한 걸음 달려가면
꿈이 현실로 바뀌기 시작해

남을 따라갈 필요도
비교할 필요도 없어

그냥 가고 싶은 대로
달리면 돼

BASIC
TAKSO

basic

기본에 충실해.

기본이 없으면
작은 문제에도 쉽게 무너져
처음에는 괜찮지만
시간이 지나면
결국 낭패를 보게 돼

어릴 때부터
기본에 충실해야 해
나이들면 두 배로
힘들어지거든

꿈은 현재진행형.

멍 때리지 말고
너의 꿈을 선명하게 상상하고
움직여봐

그 상상이 자꾸 떠오를수록
그 방향으로 움직이게 될 거야

천천히 가도 괜찮아
중간에 포기만 안 하면 돼

지금 걷고 있는 이 길이
꿈에 더 가깝게 데려다줄 거야

TAKSO

TAKSO

준비된 찬스가

미래를 바꾼다.

멋진 슛을 넣으려면
평소에 연습을 해야 해

준비되지 않은 상태에서는
찬스가 와도 놓치기 마련이거든

지혜로운 사람은 순간의 기회를 위해
보이지 않는 곳에서도
준비하고 또 준비해

찬스는 준비된 사람만이
잡을 수 있는 거야

RIVAL
TAKSO

라이벌은 많을수록 좋아.

라이벌은 많을수록 좋아
그만큼 내 안의 잠든 능력을
깨워주니까

라이벌은 강할수록 좋아
그만큼 나를 단단하게
만들어주니까

라이벌은 경쟁자가
아니라 조력자야

세계는 작다
꿈은 크다

과거는 작다
미래는 크다

꿈이 움직이면
세상이 움직인다

세상을 움직여라

MOVE
TAKSO

lazy

꿈은 게으름을 이긴다.

거창하고 완벽한 꿈보다
재미있고 설레는 꿈들을
많이 세워봐

평소에 하고 싶었던 꿈을 상상하면
몸이 자동적으로 반응해

수많은 꿈 중
몇 개는 포기해도 괜찮아
그중 30%는 이루어질 거야

그게 쌓이다보면
조금씩 결과가 생기고
조금씩 성장하게 될 거야

time.
시간은 총알보다 빠르다

하루는 길게 느껴지는데
10년이란 세월은
눈 깜짝할 새 지나가버려

10대보다 20대가 빠르고
20대보다 30대가 더 빨리 지나가

나이를 먹을수록
시간은 점점 더 빨라지고 있어

총알보다 빠른 시간 위에서
나는 제대로 사는 걸까?

TAKSO

그냥
쉽게
생각해.

easy

어려운 일도
감당하기 힘든 일도
그냥 쉽게 생각해

두려움은 생각이 만들어내는
그림자일 뿐이야

그냥
쉽게 생각하고
행동해

c o n t r o l

인생의 속도를 컨트롤해.

좋은 자동차는
빨리 달리는 차가 아니야

운전자가 원하는 대로
속도를 조절할 수 있는 차가
진짜 좋은 차야

인생도 마찬가지야
빠르게 달리는 게 중요한 게 아니라
내가 원하는 대로
속도를 컨트롤해야 해

빨리 달리다가도
잠깐 쉬어 가고
천천히 주변을 보면서
즐기면서 가는 게
인생의 속도야

A
B
I
H
TAKSO

habit

습관은 리듬을 타야 해.

어제의 습관이 오늘에게
배턴터치

오늘의 습관이 내일에게
배턴터치

리듬을 타고
조금씩 앞으로 나아가면

어느새
달라져 있는 나를
발견할 거야

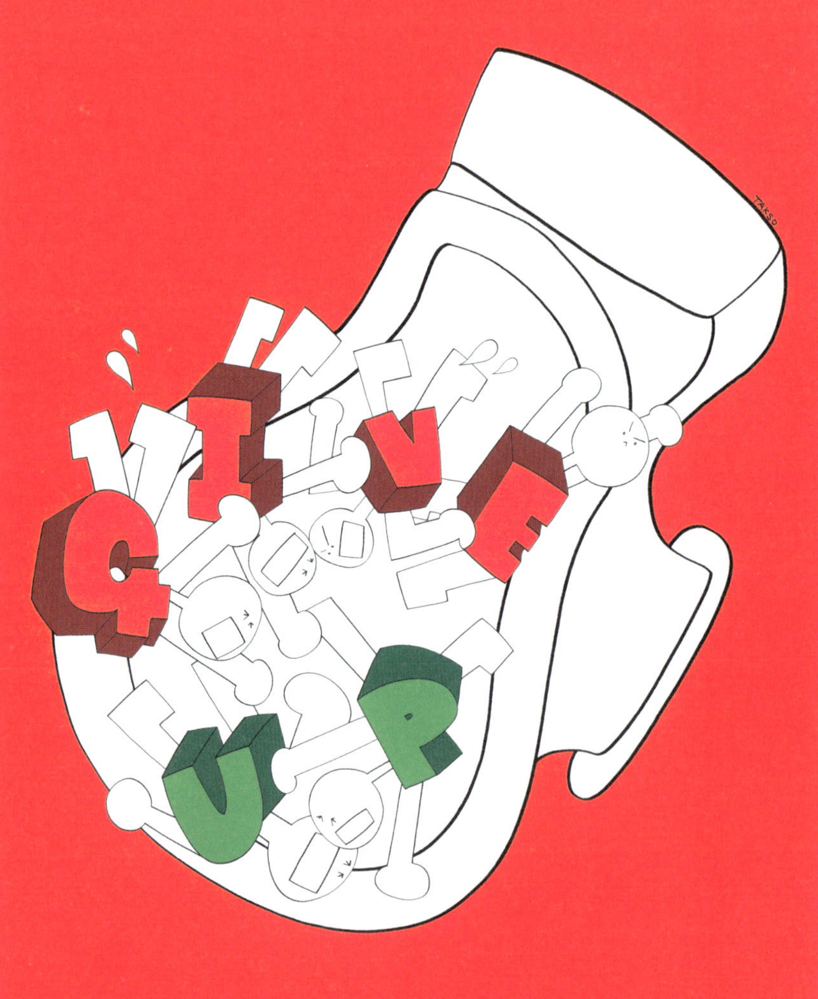
GIVE
UP
TAKSO

give up

시작은 포기를 잠재운다.

포기하고 싶을 땐
다시 시작해

그때의 설렘과 의지를
다시 꺼내봐

새로운 시작은 포기를
제압할 수 있어

W
A
Y

정상에 올라가는 방법은 다양해.

정상에 올라가는 길은
하나만 있는 게 아니야

빨리 올라가지만 힘든 길도 있고
느리지만 편안한 길도 있어

조금 느려도
조금 돌아가도 괜찮아

묵묵히 가다보면
어느새 정상에 도달할 거야

TAKSO

꿈의 뜀틀을 세워봐
처음부터 높게 세우지는 마
가뿐히 넘을 수 있는 높이로 세워
성공의 기쁨을 느끼는 게 먼저야

도움닫기를 위한 거리도 확보해
달리다가 다칠 수도 있으니까

꿈을 향해 달리기 위해서는
충분한 시간과 준비는 필수야

이제 크게 심호흡하고 달려봐
할 수 있어

MUST
TAKSO

나이를 먹으면서
피하고 싶고
미루고 싶고
하기 싫은 일들이 많아져

그러나
하기 싫어도
꿋꿋하게 해야 하는 게
어른이야

어른은 기분보다
약속과 책임이 먼저야

EXPERIENCE
TAKSO

experience

경험을 저축해.

비 오는 날 뛰었던 축구 시합
드로잉을 배워서 참여한 전시회
혼자 떠나는 여행

젊었을 때 뭐든지 해봐
돈은 써버리면 사라지지만
경험은 사라지지 않아

어릴 때부터
다양한 경험을 쌓으면
미래가 당당해질 거야

FAILURE
TAKSO

실패를 두려워 마 failure

아기가 첫 걸음을 떼기까지
2000번 이상 넘어져야 한대

피겨 선수도 트리플 악셀을
성공하기 위해 수백 번을 넘어지고 일어나

실패는 좌절이 아니라
성장하는 과정이야
진짜 어른이 되어가는 중이야

like 좋아하는 마음은 똑같을 수 없어

좋아하는 일을 해야
재능도 발휘할 수도 있고
오래할 수 있어

억지로 하는 일은
몸과 마음을 지치게 해

나이가 더 들기 전에
무엇을 진짜 좋아하는지
잘 생각해봐

TAKSO

“당신은 좋아하는 일을 하고 있습니까?”

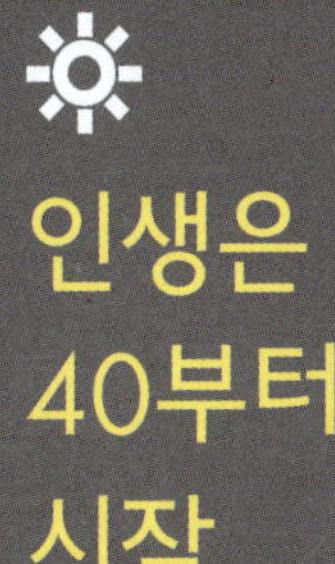

인생은 40부터 시작

LIVE
TAKSO

인생은
라이브.

인생은 언제나 생중계야
리허설은 없어
한 번뿐인 장면들이
실시간으로 펼쳐지는 거야

지금 이 순간도
되돌릴 수 없고
편집도 다시 찍기도 없어

이 순간에 최선을 다해야 해
긴장하고
집중하고

TAKSO

꼭 이겨야 할 상대는
자신이야

가장 잘 알면서도
모르는 존재

가장 가까이 있지만
상대하기 어려운 존재

자신의 한계를 넘어야
더 단단해지고
강해질 수 있어

FREE

free
나는 자유로운가?

물리적으로 어디든 갈 수 있어도
생각이 묶여 있으면
그건 자유가 아니야

하고 싶은 걸 다 할 수 있어도
불안과 조급함에 끌려다니면
여전히 갇혀 있는 거지

나는 얼마나 자유로운가?

아침을 깨우면 꿈도 깨어나.

아침에 일찍 일어나
좋아하는 음악도 듣고 차도 마시면서
하루의 계획을 세워봐

일찍 일어나면
여유가 생기고
하루는 두 배가 될 거야

아침을 깨우면
원하는 꿈도 한 걸음 더 가까이
가게 될 거야

morning

TAKSO

step

하나씩
하나씩
해결해.

마음이 급하다고 한꺼번에
해결하려고 하지 마

오히려 더 꼬이고
자신이 먼저 쓰러질 수 있어

인생은 단거리경주가 아니라
오래 달려야 하는 장거리야

시간을 두고 침착하게
하나씩 하나씩 해결해

WIN
TAKSO

win 이길 수 있다는 마음.

어려움 속에서도
이길 수 있다는 마음을 가져

이 마음이 강할수록
넘어져도 다시 일어날 수 있고
중간에 포기하지 않아

극한의 상황에서도
기대 이상의 결과를
만들 수 있어

SUIT
TAKSO

나와
잘 어울리는
사람.

모든 사람과 잘 맞을 필요는 없어
그건 불편하고 어색한 옷을
입고 가는 거야

살다보면
나와 잘 맞는 사람도 만나고
불편하고 어색한 사람도 만나게 돼

나와 잘 맞는 사람을 만나면
가장 나다워질 수 있고
시너지가 극대화되는 거야

SUCCESS

success
성공이

꼭

위에
있지는
않아.

명예, 돈, 높은 자리
많은 사람이
성공은 위에 있다고 생각해

더 올라가야 한다고
더 가져야 한다고
그래야 성공했다고 생각해

세상이 정해놓은 기준 말고
자신만의 성공을 그려봐

성공은 누군가가 정해주는 게 아니라
내가 정하는 거야

OFF
ON
OFF
TAKSO

off 잠시 끄자.

밥 먹을 때도
출근할 때도
하루종일 손에서 놓지를 못해

끊임없이 쏟아지는 정보
멈추지 않는 알림 속에서
자신은 잃어버리게 돼

하루가 끝날 땐
머리는 무겁고 몸은 지치지

오늘은 잠깐이라도 끄자
나를 쉬게 하자

TAKSO

뜨거운 열정이 있는가?

가슴이 두근거리고
무언가에 마음이 끌린다면
그건 열정의 불씨가
타오르고 있다는 거야

그 작은 불씨는
인생에서 가장 화려한 불꽃으로
만들 수 있어

열정은 나이와 상관없어
뜨거움만 있다면
다시 시작할 수 있어

E
N
J
O
Y
TAKSO

시련을 즐겨라.

살다보면
폭풍 같은 일들이 갑자기 찾아와
가끔 피할 수 있겠지만
언제나 그럴 수는 없어

시련이 오면 즐겨
피할 수 없다면 즐기는 게
답이야

즐기다보면 어느새
폭풍은 지나가고
단단해진 나를 발견할 거야

MONEY
TAKSO

짐이 많으면
배는 가라앉는다.

지나치게 많은 돈은
오히려 짐이 될 수도 있어
그 무게에 침몰할 수도 있어

돈을 지키느라 불안해지고
더 벌어야 한다는 생각에
중요한 것을 잃어버릴 수도 있어

돈은 원하는 삶을 살아가는 데
쓰이는 도구일 뿐이야

TAKSO

timing
타이밍을 잡아라.

인생을 바꿀 수 있는 기회는
세 번 찾아온다고 해

중요한 건
기회의 타이밍을
잘 포착해야 해

공간에서
시간에서 헤매지 말고
사라지기 전에
기회의 타이밍을 잡아야 해

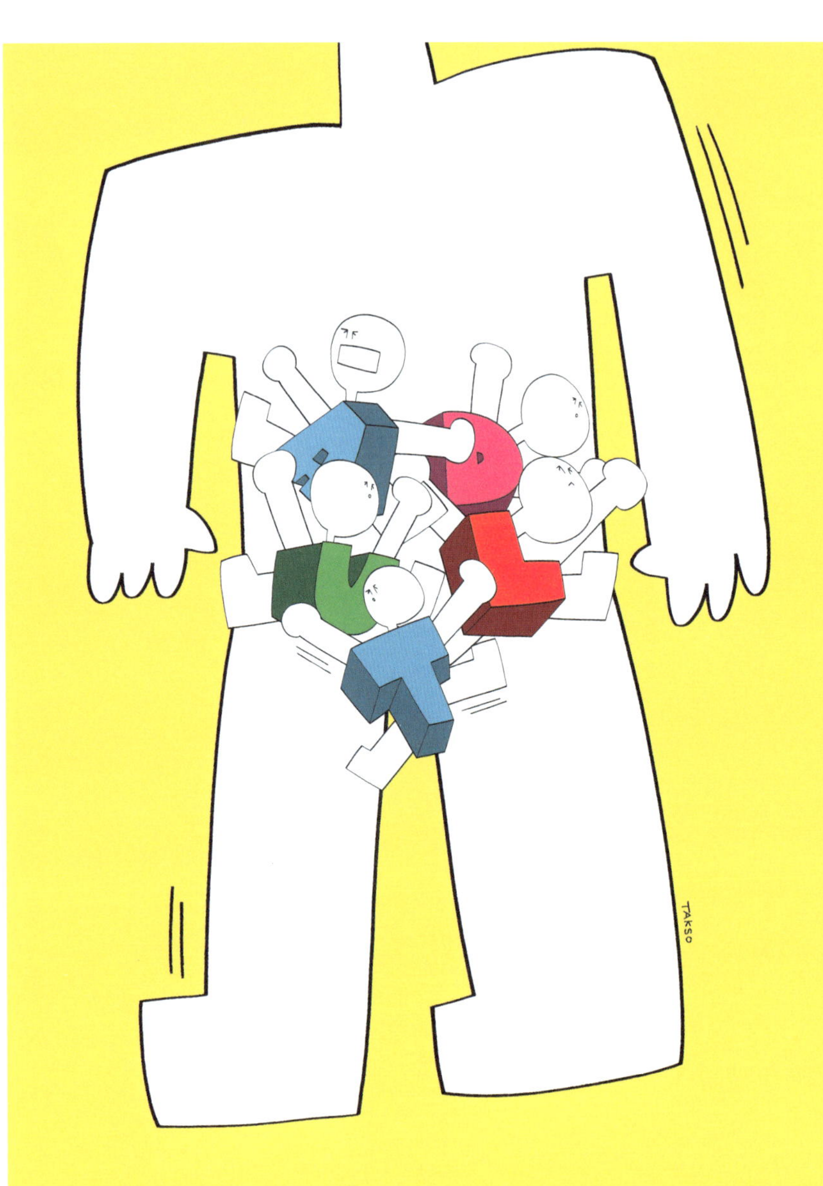
TAKSO

나는 진짜 어른일까?

어른의 몸이 되었다고
어른이 아니야

어른의 나이가 되었다고
어른이 아니야

어른은 자신의 말과 행동에
책임질 줄 알고
실수했을 때 인정할 줄
알아야 해

그게
진짜 어른이야

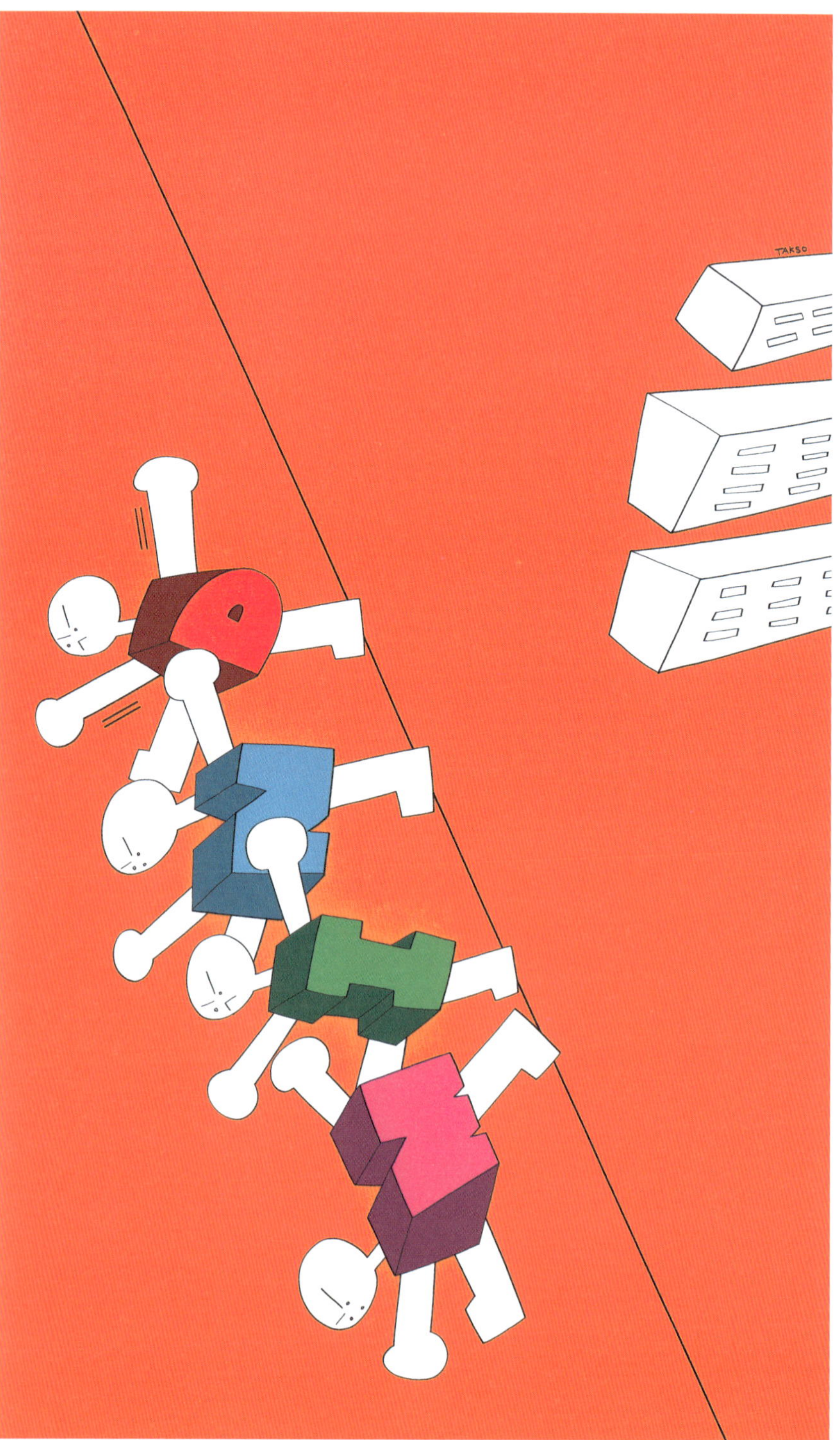
TAKSO

흔들리지 않는 마인드.

mind

살아가면서 지식보다
내면의 마인드가 더 중요하는 것을
알게 될 거야

지식은 머리로 쉽게 얻어지지만
마인드는 오랜 경험과 깨달음이 필요해

속도가 빠른 세상에서
흔들리지 않는 마인드는
살아가는 데
강력한 무기가 될 수 있어

TAKSO

advice

깊은 충고는 지워지지 않는다.

진심으로 전하는 충고가
그 순간에는 상처로 들릴 수 있어

가시처럼 콕 박혀서 아플 수 있어
하지만 시간이 지나면 약이 될 거야

어쩌면 가장 쓴 충고 한마디가
인생의 방향을 정해주고 길을
만들어줄 수 있어

WORK
TAKSO

work

일하는 땀이 가장 정직해.

생각이 복잡할 때일수록
더 바쁘게 몸을 움직여봐

머릿속이 서서히 정리되고
몸도 가벼워질 거야

땀을 흘리면서 일하는 것은
가장 정직한 시간이야

움직여서 흘린 땀은
거짓말을 하지 않아

나중에 꼭 필요한
에너지로 돌아올 거야

TAKSO
S
A
D

sad

굿바이 새드

괴로운 일이 닥쳐오면
그냥 그대로 둬
억지로 견디려고 애쓰지 마
시간이 해결해줄 거야

시간이 지나면
슬픔의 무게도 조금씩
가벼워질 거야

시간이 지나면 지나간 이야기로
그냥 사라지게 될 거야

impossible 불가능은 없어.

세상의 위대한 일들은
처음에는 “그건 불가능해”라는
말에서 출발했어

하지만 누군가는
그 말에 포기하지 않고
끊임없는 도전으로
가능성을 만들었지

한 번쯤 자신의 한계를 시험해봐
불가능에 도전해봐

최고가 아니어도 괜찮아
최선을 다해봐

TRY
TRY
TAKSO

시도를 멈추지 마.

try

꿈이라는 별을 따려면
한 번의 시도는 부족해

시도하고 또 시도해야
별을 딸 수 있어

중간에 포기해버리면
처음부터 다시 시작해야 해

시도를 멈추지 마
별은 언제나 그 자리에서
기다리고 있을 거야

“당신의 별은 어디에 있습니까?”

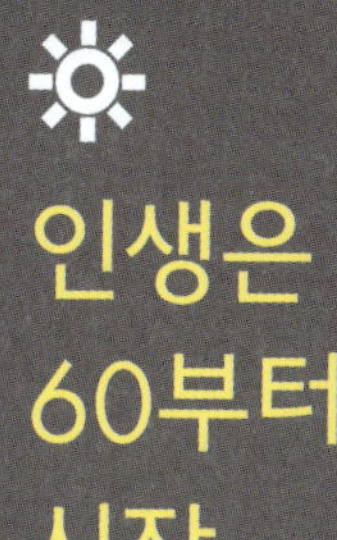

인생은 60부터 시작

유머는 에너지야.

나이가 들수록 표정이 굳어지고
냉소적으로 변해
그래서 유쾌한 유머가
더욱더 필요해

유머는 어색했던 분위기를
부드럽게 만들어주고
무거웠던 마음도 가볍게 만들어줘

사람들에게 좋은 에너지를 주고
자신에게도 자신감을 주는
최고의 기술이야

시간에 이끌려다니면서
소중한 하루를 낭비하지 마

조금만 의식하면
하루가 길어지고
조금만 계획하면
하루가 뜻대로 움직이기 시작해

시간은 누구에게나 공평하지만
그 시간을 어떻게 쓰느냐는
자신에게 달려 있어

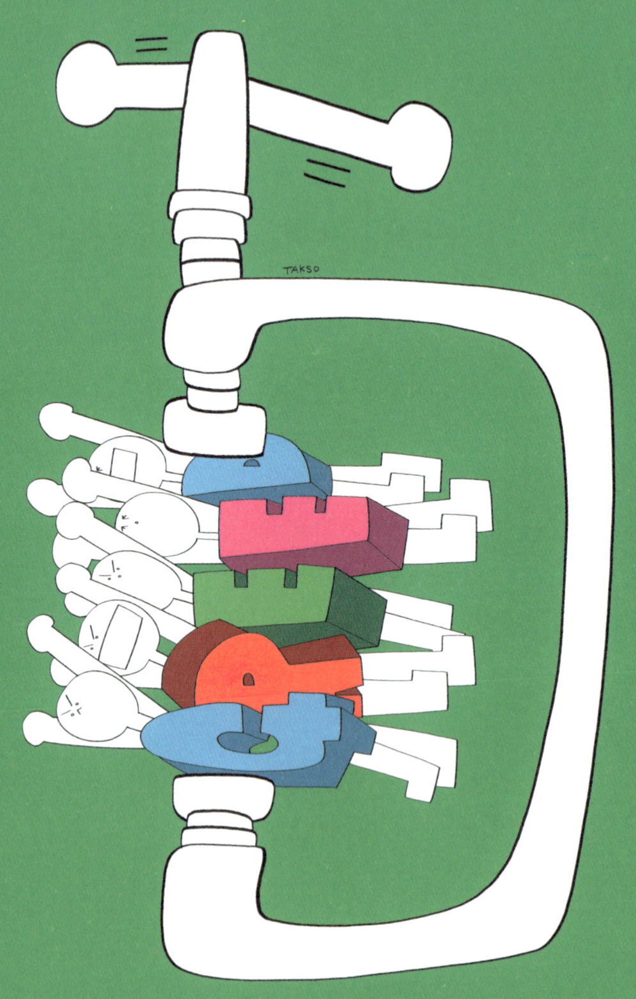
TAKSO

greed

욕심을 줄여봐.

원한다고 다 가져야 하는 건 아니야
가지려 애쓰다보면
진짜 소중한 걸 잃을 수 있어

나이를 먹으면서
욕심도 하나씩 줄여봐
그만큼 여유가 생길 거야

TAKSO
YES

긍정의
힘은
강하다.

yes

사람은 초능력이 없다고 하지만
어쩌면 긍정의 힘이
초능력일지도 몰라

넘어져도 다시 일어나게 해주고
불가능한 일도
조금씩 가능하게 해주지

마음속 긍정의 힘은
생각보다 강력하다는 것을
꼭 기억해

BALANCE
TAKSO

흔들리지 마.

편견이라는 바람이 불어도
자만이라는 바람이 불어도
흔들리지 마

그럴수록 더 단단하게
중심을 잡아야 해

흔들림은 밖에서 오지만
균형을 잡는 중심은 안에 있어

PROMISE
TAKSO

사소한 약속을 지키는 마음.

누가 보지 않아도
누가 칭찬해주지 않아도
약속은 지켜야 해

일상의 작은 약속
하나하나가 내 삶의 태도를 보여줘

약속을 지키는 건
남을 위한 게 아니라
나를 지키는 거야

NO
TAKSO

거절하는 용기가 필요해.

모든 부탁을 다 들어주면
결국 상처받는 건 자신이야

모든 사람에게
좋은 사람이 될 필요는 없어
자신만 힘들어져

지혜로운 사람은
거절도 잘하는 거야

거절은 이기적인 게 아니라
정직한 표현이야

P

멈춰야 할 때
멈춰야 해. stop

무작정 달리다보면
길을 잃을 수 있어

진짜 멈춰야 할 때
모든 것이 멈춰버릴지도 몰라

가끔은 걸음을 멈추고
어디쯤 와 있는지 살펴봐

멈춘다고 실패가 아니야
오히려 더 나은 방향으로 갈 수도 있어

멈춤은 끝이 아니라
시작을 위한 준비야

SLUMP
TAKSO

슬럼프도 먼지처럼
눈에 잘 보이지 않지만
점점 쌓여가

슬럼프도 먼지처럼 쌓이면
대청소를 해야 하고 방치하면
큰 병으로 이어져

너무 늦기 전에
슬럼프는 쓸어버려야 해

슬럼프는 쓸어버려.

slump

DESTIN
Y
TAKSO

운명을
극복해.

운명은
주어진 것이 아니라
만들어가는 거야

운명은 운이
아니라 노력이야

자신을 바꾸면
운명도 바꿀 수 있어

MEMO
TAKSO

기억해 메모해.

memo

나이가 들어가면서
기억력이 가물가물하다면
메모를 해

좋은 글을 적거나
재미있는 그림을 그려도 좋아

나중에 보면
새로운 생각으로 발전하기도 하고
따뜻한 추억으로 남기도 해

메모하는 습관을 가지면
인생이 풍요로워질 거야

빨리 가면
중요한 것을 못 보잖아.

세상이 빠르게 움직이고 있어
사람들도 그 속도에 맞춰
달리듯 살아가고 있어

하지만 너무 빨리 가면
중요한 걸 못 볼 수 있어

한 템포만 천천히
가자

천천히 가는 것은
뒤처지는 게 아니라
더 멀리 보고
더 멀리 갈 수 있는 거야

먼저 **사과**하는 용기

sorry

먼저 미안하다고 말해봐
생각보다 쉽게
진심에 닿을 수 있어

서로의 상처는 아물고
서로의 이해심은
더 단단해질 거야

자존심은
나 혼자를 지키지만
사과하는 용기는
우리를 지킬 수 있어

STRESS

스트레스
아웃.

스트레스는
그때그때 풀어야 해
꾹 참고 쌓아두면
몸도 마음도 병들게 해

작은 스트레스라도
계속 쌓이면
폭탄처럼 터지거든

터지기 전에
스트레스 아웃

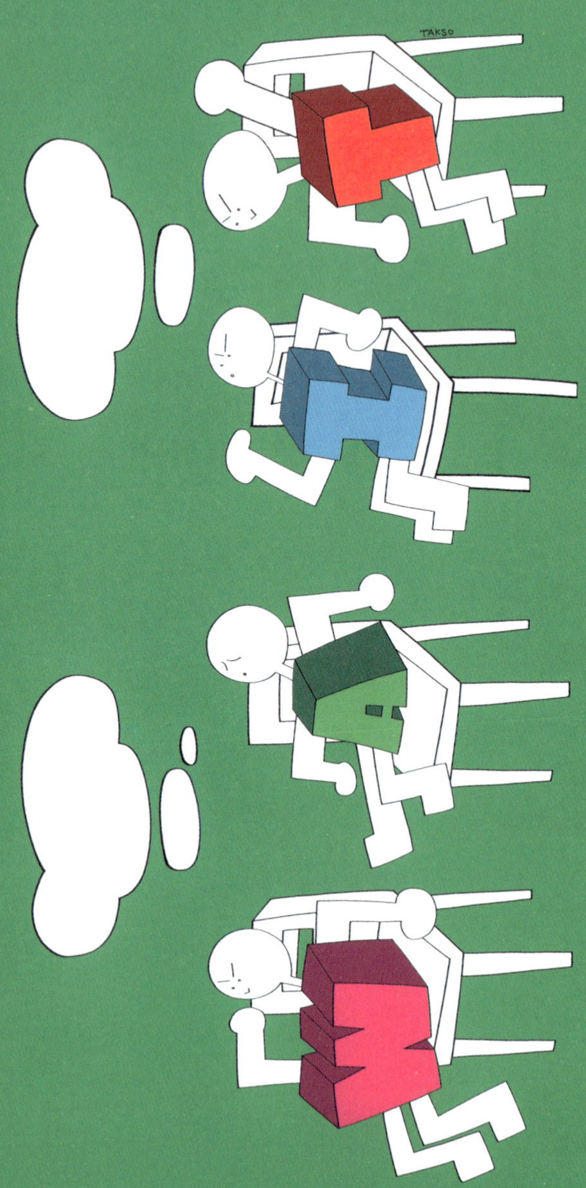
TAKSO

기다림을 즐겨.

물건을 살 때도
친구와의 약속 시간도
우리는 기다려

보이지 않는
희망도, 행복도, 사랑도
우리는 기다려

기다림은 지루한 게 아니라
혼자만의 특별한 시간이야

여유 있게
기다림을 즐기는 것
그게 지혜야

나는 어떤 친구일까? friend

기쁠 때나 슬플 때나
한결같은 친구가 진짜 친구다

내가 어려울 때 도와주는
친구가 진짜 친구다

내 주변엔 이런 친구가 있을까?
생각하기 전에
나는 어떤 친구일까?

에너지는
떨어지기 전에
채워야 해.

에너지를 쏟아내기만 하면
언젠가는 대형 사고가 나

에너지가 떨어지기 전에
자신만의 방식으로 채워야 해

휴식의 에너지
사색의 에너지
독서의 에너지

인생이라는 긴 여행에서
에너지 충전은 필수야

TAKSO

강한 사람일수록 겸손해.

겸손은 조용하고
입으로 자신을 내세우지 않아

크게 말하지 않아도
사람들은 그 깊이를 알고
존경을 갖게 되지

겸손은 말이 아니라
태도로 보여주는
진짜 어른의 모습이야

modesty

감정을

express

마음껏
표현해.

감정을 숨긴다고
어른스러운 건 아니야

기쁘면 웃고
속상하면 솔직하게 말하고
좋아하면 표현해야 해

마음속에만 담아두면
사람들은 알 수 없어
괜히 오해만 생기고
가깝던 마음도 멀어질 뿐이야

HAPPY

잘 자라나라 행복아.

happy

행복은 그냥 오는 게 아니야
희망의 씨앗을 뿌리고
때를 기다릴 줄 알아야 해
그럼 행복이 조금씩 피어날 거야

그리고
행복도 관리가 필요해
노력하는 마음으로
정성을 다해야 해

그래야
무럭무럭 자라나거든

"지금, 당신은 행복하세요?"

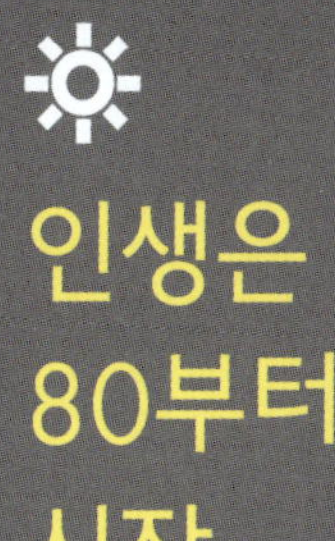

인생은 80부터 시작

청춘을 채워봐.

young

청춘의 시간을 멈출 수는 없어
그러나 마인드로 조절할 수는 있어

몸은 나이를 먹어도 마음으로
젊게 살 수 있는 거야

청춘은 '몇 살'에 있지 않고
'어떻게 사느냐'에 있어

지금 이 순간
가슴이 뛰는 무언가가 있다면
그게 청춘이야

하늘에서 럭키가 내린다면….

하늘에서 럭키가
눈처럼 펑펑 내렸으면…

럭키로 눈사람을 만들어
사람들을 행복하게 해주었으면…

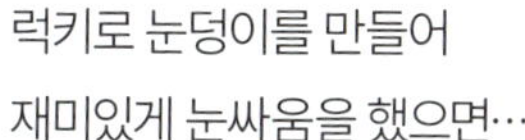

럭키로 눈덩이를 만들어
재미있게 눈싸움을 했으면…

TAKSO
N
S
HEART

마음은 heart 움직인다.

진심을 다하면
마음은 움직인다

거짓으로 대하면
마음은 피한다

마음은 마음을 알아본다
본능적으로

HAVE

모든 걸 다 가지려고 하지 마
그게 행복은 아니야

두 손 가득 쥐고 있으면
마음도 무겁고
몸도 힘들어질 뿐이야

그냥 내려놓으면
마음도 가벼워지고
세상을 보는 여유도 생길 거야

다 소유하려고 하지 마.

have

e n d u r e

참는 만큼 성장한다.

살면서
힘든 순간들은 언제나 찾아와
그 순간들을 참고 극복해야
성장하는 거야

힘들다고 피하면
더 약해지고
처음부터 다시 준비해야 해

견디면 견딜수록
방법을 터득하게 되고
진짜 어른으로
성장하게 될 거야

WC

TAKSO
OPEN

마음의
문은
open
밖에서는
열 수 없어.

마음의 문은 안에서 열어야 해
밖에서 대신 열어줄 수 없어

마음의 문이 닫혀 있으면
아무것도 들어올 수 없고
나갈 수도 없어

열린 마음으로 스스로 나와야
세상을 볼 수 있고
소통할 수 있어

WALK

산책을 하면서
맑은 하늘과 자연 풍경을 봐
그동안 놓치고 있던
일상의 소중함이 보여

복잡했던 생각들이
조금씩 정리되면서
몰랐던 나 자신도 발견하게 돼

산책은
나를 만나는
시간이야

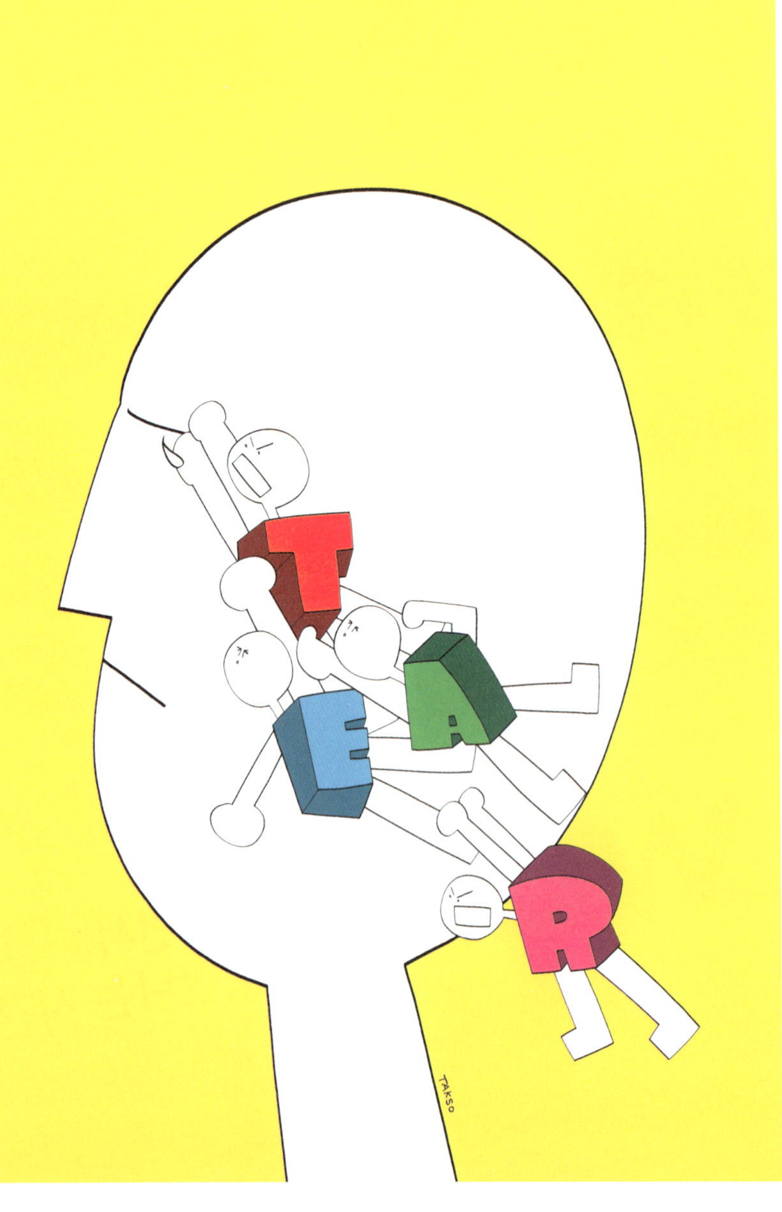
T
E
A
R
TAKSO

tear

울고 싶으면 울어.

사람은 태어날 때 울고
세상을 떠날 때도 울지

기쁠 때도 울고
슬플 때도 울어

눈물이 난다는 건
그만큼 마음이 무거웠다는 거야

울고 싶다면
그냥 시원하게 울어

TAKSO

health
건강을 살 수 있다면….

돈도 명예도
아프면 모든 게 소용없어
건강이 제일 소중해

아파서 누워 있는 사람은
그저 두 발로 서 있고
따뜻한 햇살 아래
산책하는 게 소원이야

건강은 건강할 때 지켜야 해
무너지기 시작하면
되돌리기 어려워

한 살 한 살 나이 먹기 전에
건강을 챙겨

마음도 다이어트를 해

사람은 눈에 보이는 것만
줄이려고 해

몸뿐만 아니라
나쁜 마음도 다이어트를 해봐

자만 3kg, 욕심 5kg, 집착 4kg
시기 4kg, 질투 2kg, 비방 4kg

마음이 가벼워지면
발걸음도 가벼워질 거야

TAKSO
DIET

THANKS
TAKSO

고마움을
보답해.

thanks

고마운 사람들이 있으면
속에 담아두지 말고 표현해

고맙다고 말한 사람이
받는 사람보다 더 행복한 거야

나이가 들면서
이 단순한 표현이 참 소중하다는 것을
알게 될 거야

TAKSO

여행에서

세상을

배운다.

t r a v e l

혼자 떠나는 여행으로
나를 발견하고 세상을 배운다

친구와 떠나는 여행으로
유쾌한 추억을 만든다

평소에 갖고 싶었던
가벼운 운동화 한 켤레 사서
좋아하는 음악을 잔뜩 준비해서
그냥 떠나자

시간이 더 가기 전에…

C
L
TAKSO
E
A
N

기분이 깨끗해 상쾌해.

주변이 깨끗하면
복잡한 생각도 조금씩 정리가 돼

주변이 깨끗하면
주어진 일도 집중이 잘돼

깔끔하게 정리해봐
모든 일의 시작이 훨씬
수월해질 거야

NOW

지금이 제일 소중해
now

사람들은 과거의 생각을 많이 해
아름답게 만들려는 본능이 있어
과거의 시간에 너무 머물러 있지 마
현재의 시간이 아깝잖아

순간이 모여 만들어지는 인생은
과거도 미래도 아닌 현재에 살기에
지금이 제일 소중해

지금
이 순간을 즐겨

TAKSO

거짓말은 거짓말을 낳는다.

순간을 넘기려고
누군가에게 잘 보이려고
거짓말을 한다

거짓말이 도미노처럼
꼬리에 꼬리를 문다

거짓말과 거짓말 때문에
신뢰가 무너진다

거짓말로 인해
무너진 신뢰는 다시
쌓을 수 없다

E
M
P
T
Y
TAKSO

마음을 비우자.

사람마다 마음속에는
자기만의 그릇이 있어

사람들은 그 그릇을
채우려고만 해

그런데 비워야
채울 수 있는 거야

비워야 더 여유롭고
자유로워질 수 있는 거야

나이를 먹는다는 건
하나씩 비워가는 과정이야

empty

폭발하기 직전이라면
딱 3초만 참아봐

분노가 이성을 이길 때
후회할 말을 쉽게 내뱉게 되거든

잠시 시간이 지나면
서로의 마음을 들여다볼
여유가 생겨

그때는
싸움이 아닌 이해가 남아

TAKSO

작은 고민들이 생겼을 때
모른 척 피하면
나중에는 눈덩이처럼 커져서
감당할 수가 없어

피한다고 사라지는 게 아니야
오히려 더 깊어지고
복잡해질 뿐이야

어차피 마주해야 할 일이라면
정면으로 돌파해야 해

두렵고 불편해도
한 걸음씩 맞서는 게
인생의 지혜야

약한 마음을 몰아내.

WISH

HOPE

나는 이루고 싶은 꿈이 있어
어린이 병원 앞에 HOPE 캐릭터
조형물을 세우는 거야

그냥 세워두는 게 아니고
진짜 HOPE 캐릭터가 달려오는
모습으로 만드는 거야
두 팔 쭉 벌리고 병동을 향해서
뛰어오는 HOPE 캐릭터

아이들이 병원에서 창밖을 보다가
HOPE 캐릭터를 발견하고
행복해했으면 좋겠어

E
N
D
TAKSO

아름다운 마무리가 해피엔드를 만든다.

인생은 마라톤이야
잠깐 앞서갈 수도 있고
뒤처질 수도 있어

중요한 건 속도가 아니라
끝까지 완주하는 거야

초심을 잊지 않고
마지막까지 달릴 때
아름다운 해피엔드를 만들어

life 인생은 오르막과 내리막의 연속.

어두운 터널의
시작이 있다면 끝도 있어

비가 온 후에는
햇살이 기다리고 있어

세상에는 언제나
반복의 법칙이 존재해

불행의 시간이
길다고 슬퍼하지 마
좌절하지 마
다음 차례는 희망이니까…

“인생에 시작과 끝이 있다고 생각하세요?”

마음의 나이는 시작만 있을 뿐입니다.
아침에 뜨는 태양처럼…

숨어 있는 인생 키워드를

찾아보세요

당신의 인생 키워드는 무엇입니까?

index

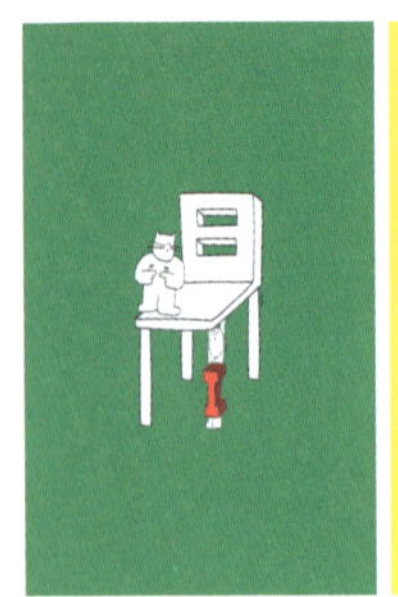
I

HOPE

LOVE

TRUST

SIMPLE

SMILE

PRACTICE

KNOW

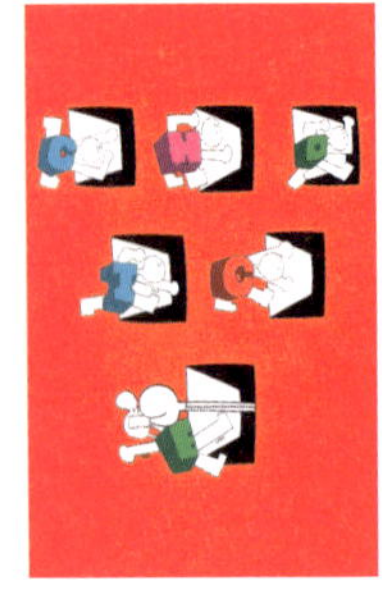

CHANGE
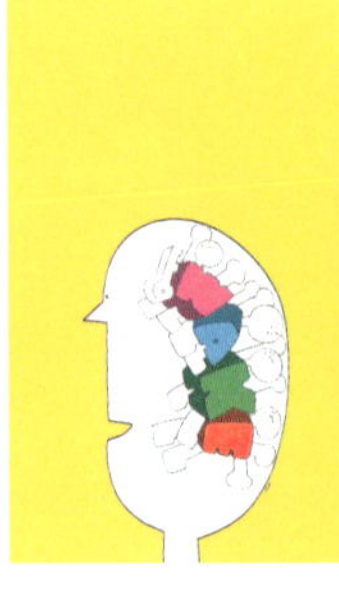

FUTURE

CHEER
UP

SPEE
D

ACTION

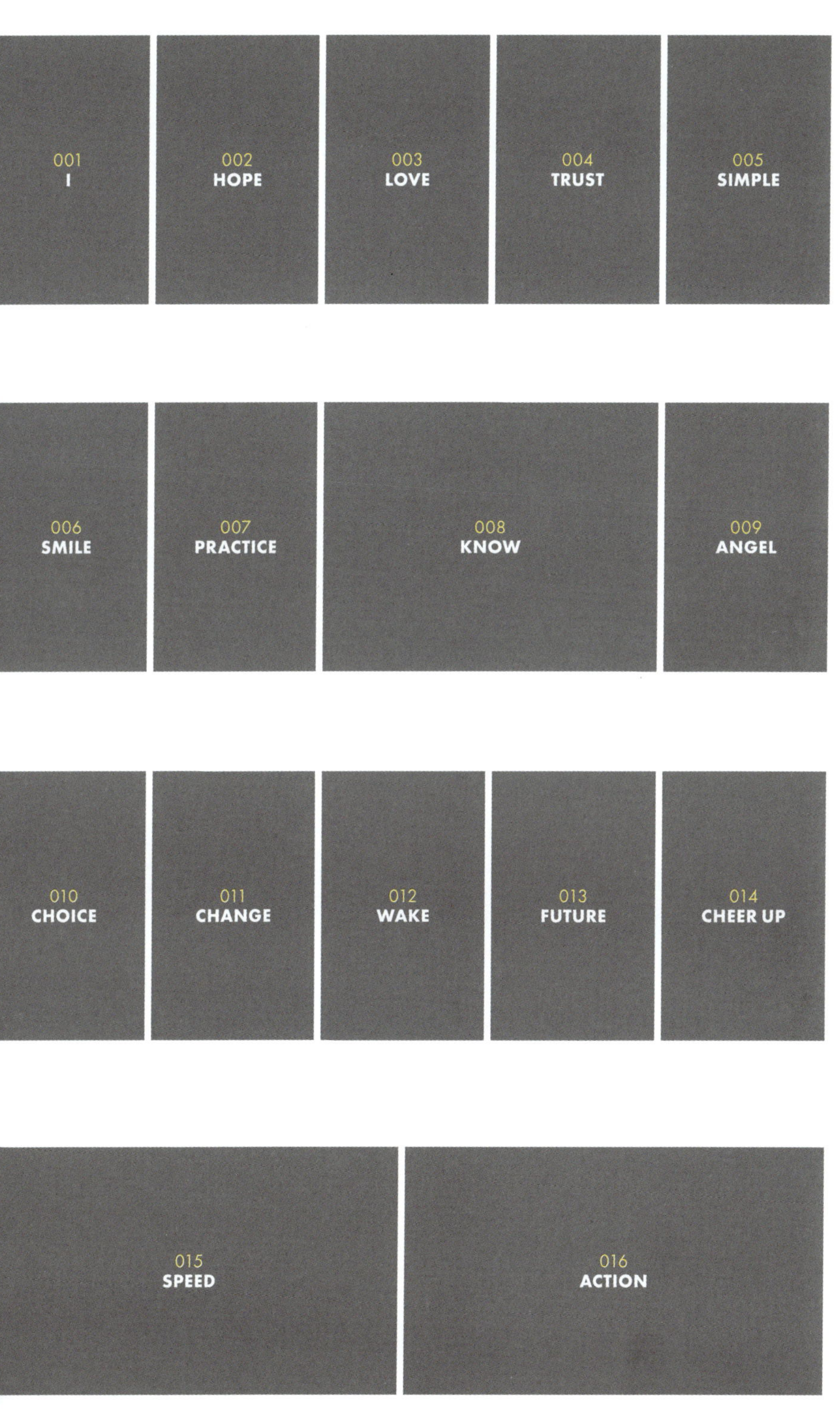
001
I
002
HOPE
003
LOVE
004
TRUST
005
SIMPLE
006
SMILE
007
PRACTICE
008
KNOW
009
ANGEL
010
CHOICE
011
CHANGE
012
WAKE
013
FUTURE
014
CHEER UP
015
SPEED
016
ACTION

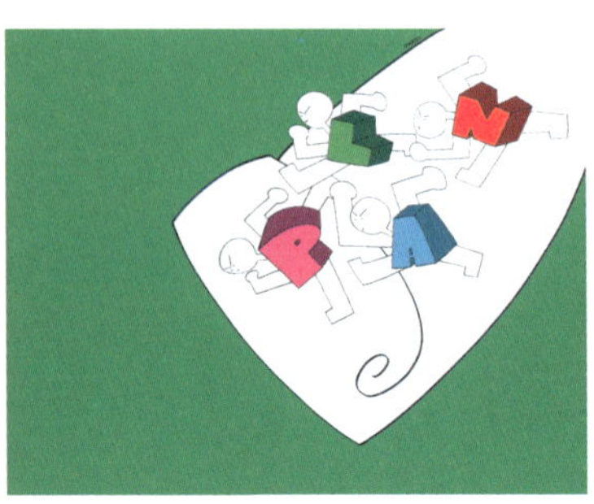

RUN

RIVAL

MOVE

017
CRAZY
018
MISTAKE
019
DREAM
020
PLAN
021
WISE
022
RUN
023
BASIC
024
ING
025
CHANCE
026
RIVAL
027
MOVE

LAZY

TIME

CONTROL

ABIT

GIVE UP

EXPERIENCE

FAILURE

LIKE

LIVE

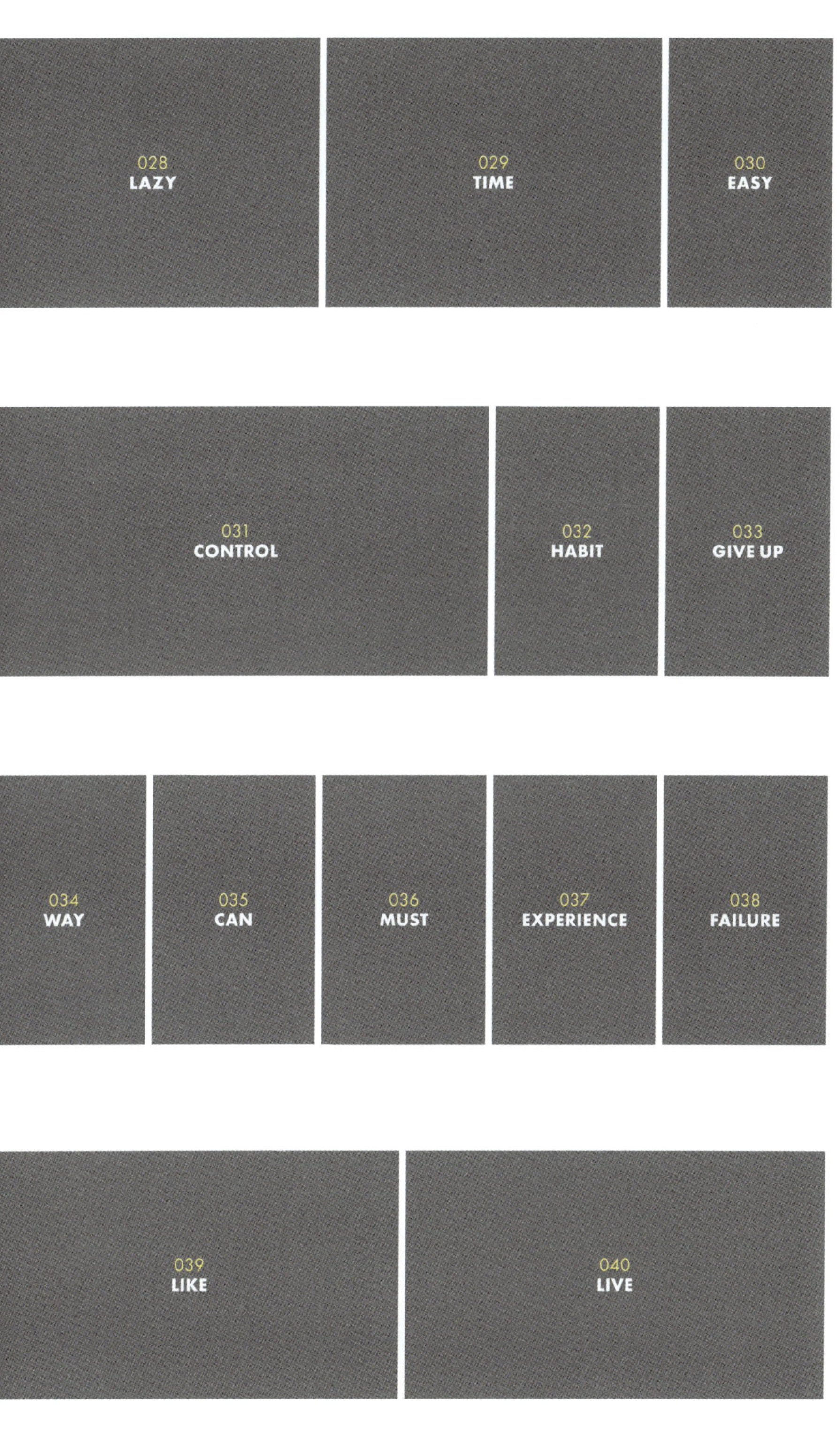

028
LAZY
029
TIME
030
EASY
031
CONTROL
032
HABIT
033
GIVE UP
034
WAY
035
CAN
036
MUST
037
EXPERIENCE
038
FAILURE
039
LIKE
040
LIVE

FREE

MORNING

STEP

WIN

SUIT

SUCCESS
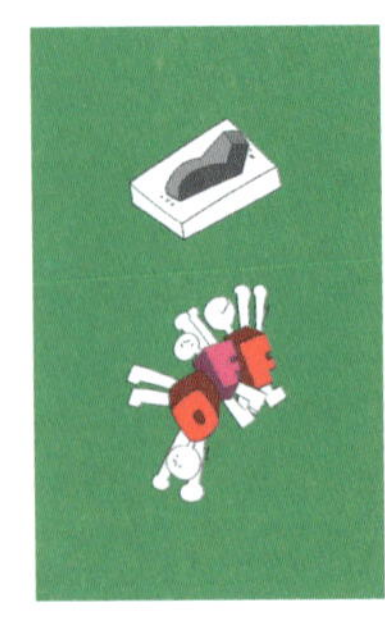

ENJOY

MIND

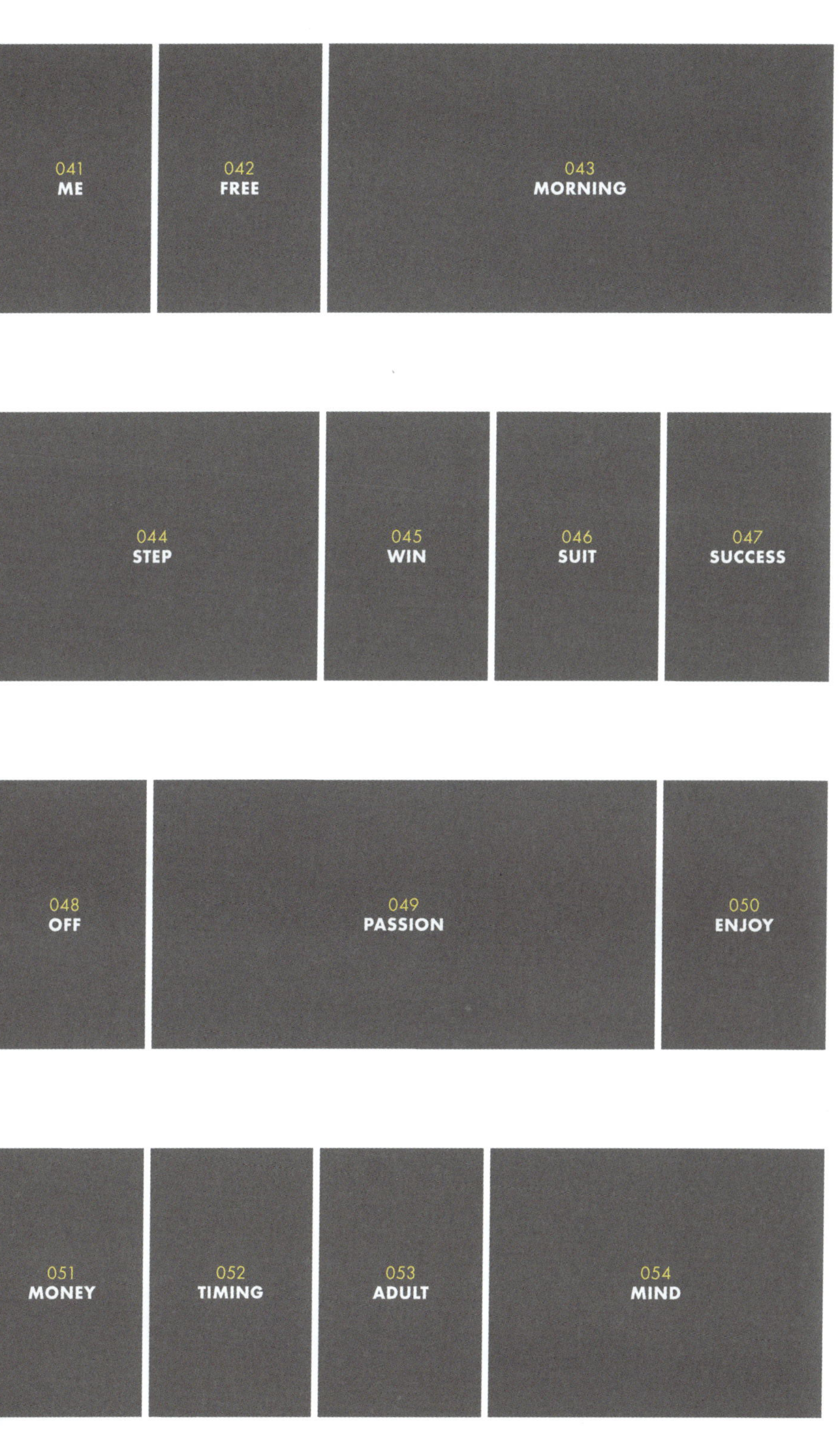
041
ME
042
FREE
043
MORNING
044
STEP
045
WIN
046
SUIT
047
SUCCESS
048
OFF
049
PASSION
050
ENJOY
051
MONEY
052
TIMING
053
ADULT
054
MIND

WORK

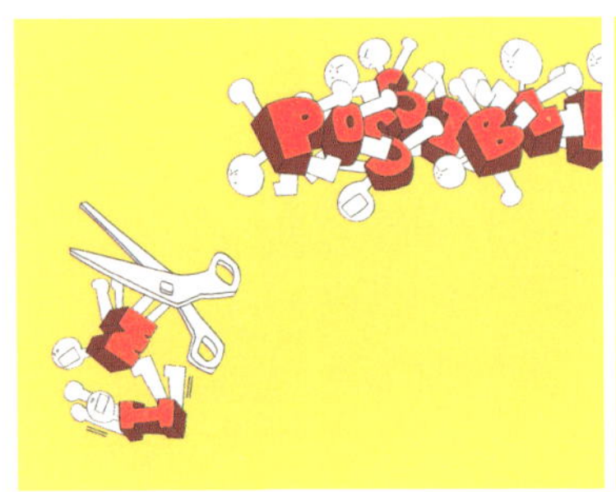

12
3
9

YES

NO

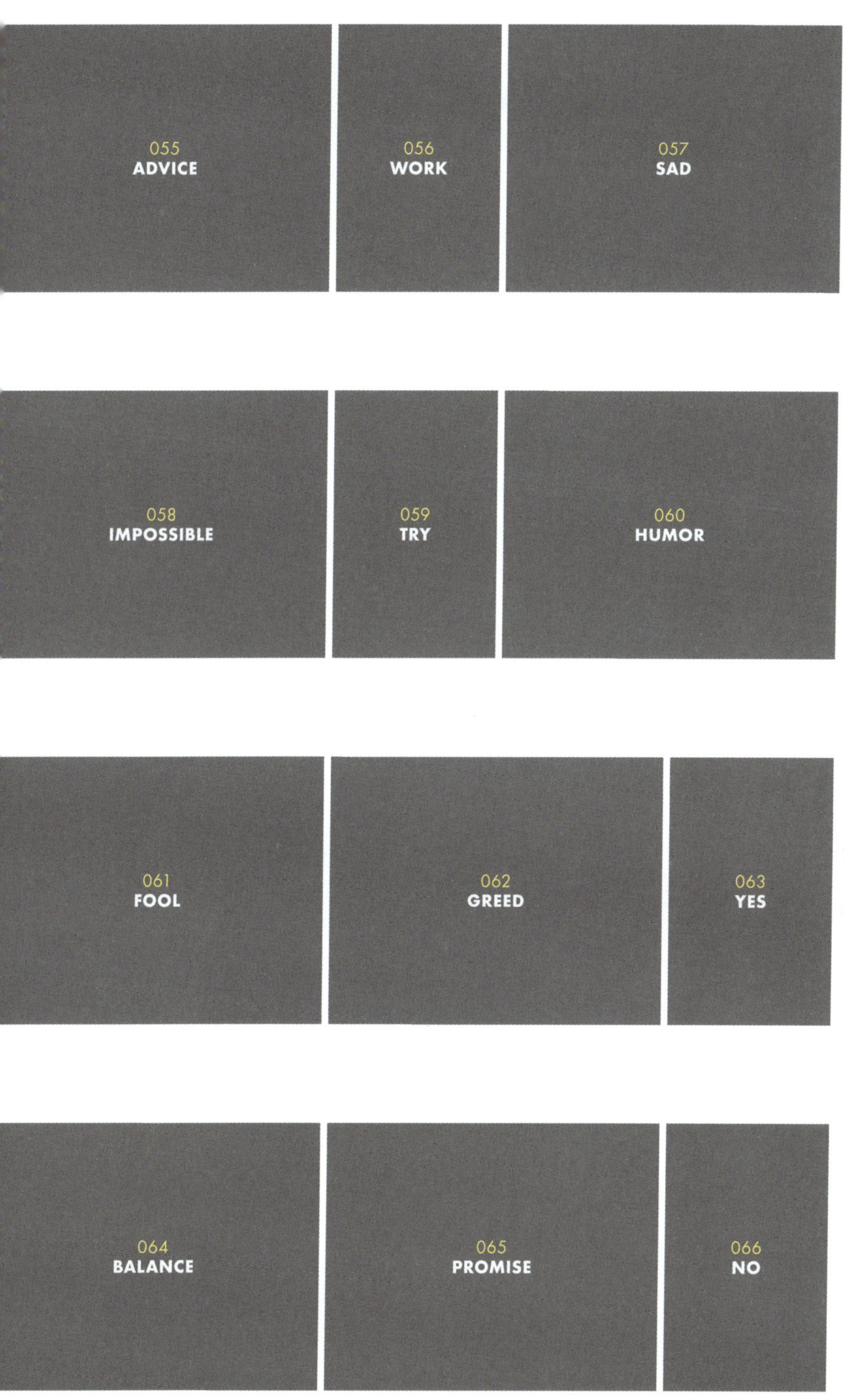
055
ADVICE
056
WORK
057
SAD
058
IMPOSSIBLE
059
TRY
060
HUMOR
061
FOOL
062
GREED
063
YES
064
BALANCE
065
PROMISE
066
NO

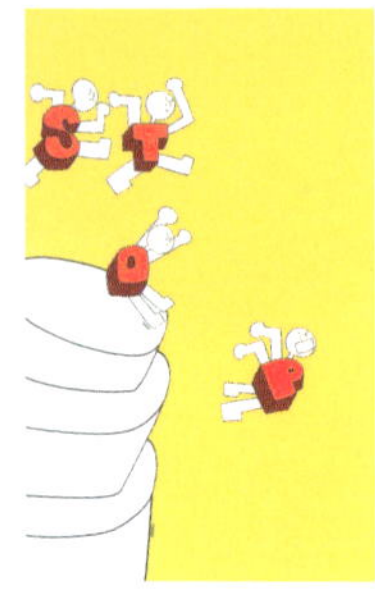

SLUMP

DESTINY

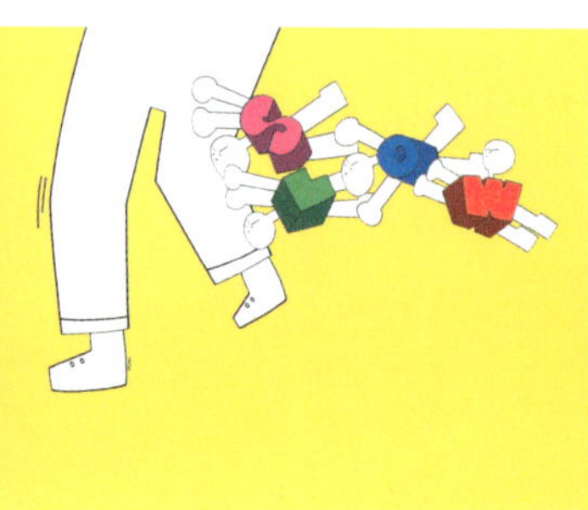
SLOW

SORRY

STRESS

WAIT

FRIEND

MODESTY

EXPRESS

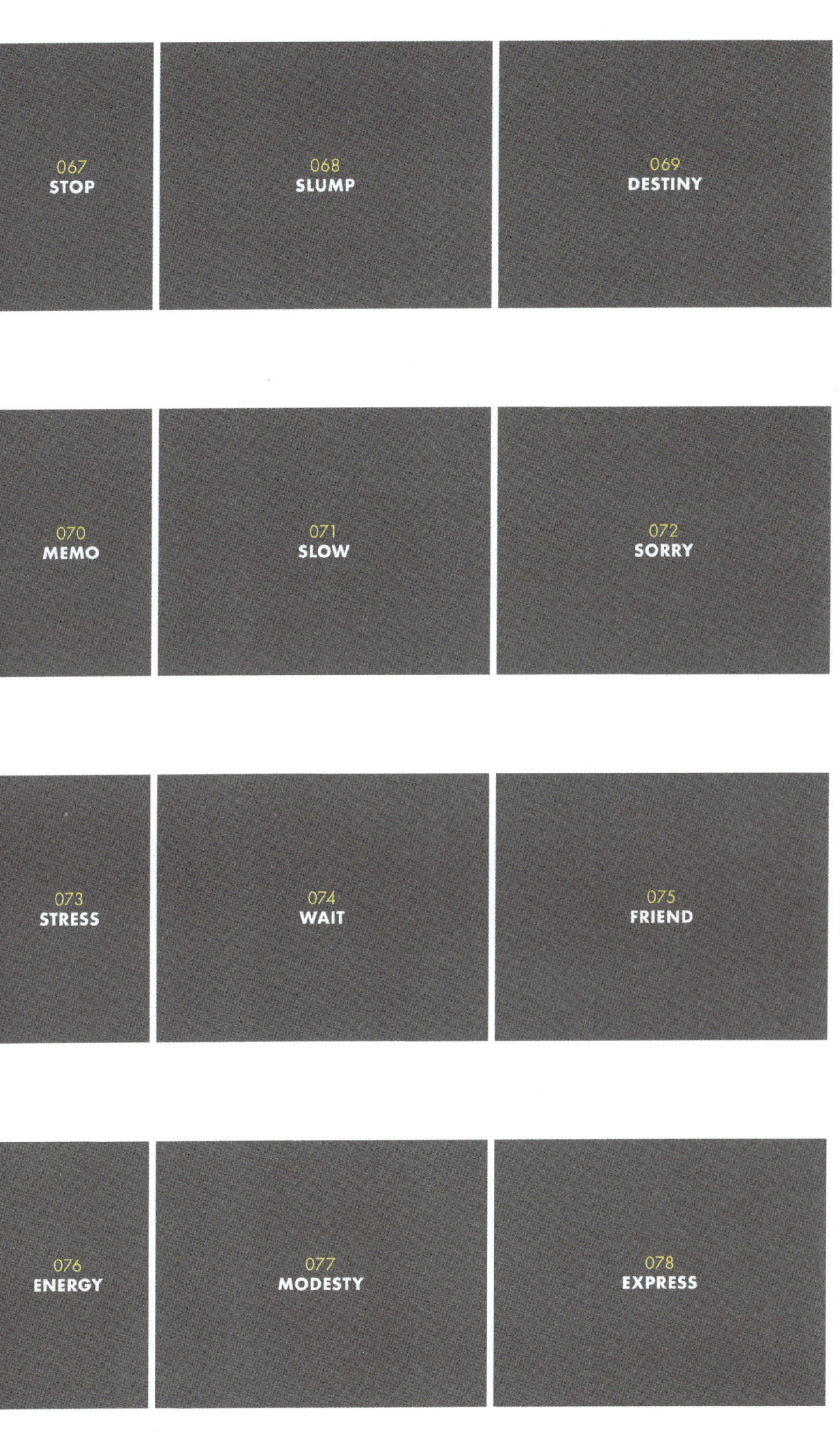
067
STOP
068
SLUMP
069
DESTINY
070
MEMO
071
SLOW
072
SORRY
073
STRESS
074
WAIT
075
FRIEND
076
ENERGY
077
MODESTY
078
EXPRESS

HAPPY

HAVE

ENDURE

OPEN

WALK

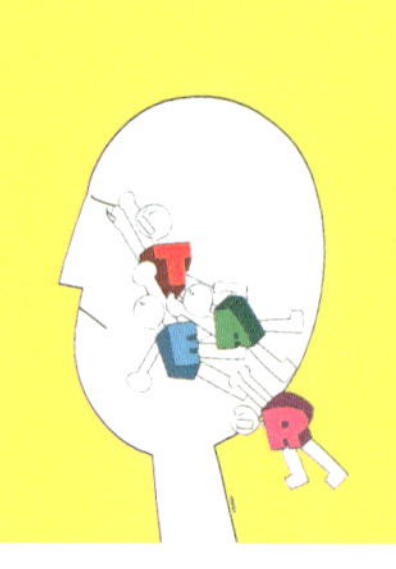
TEAR

DIET

THANKS

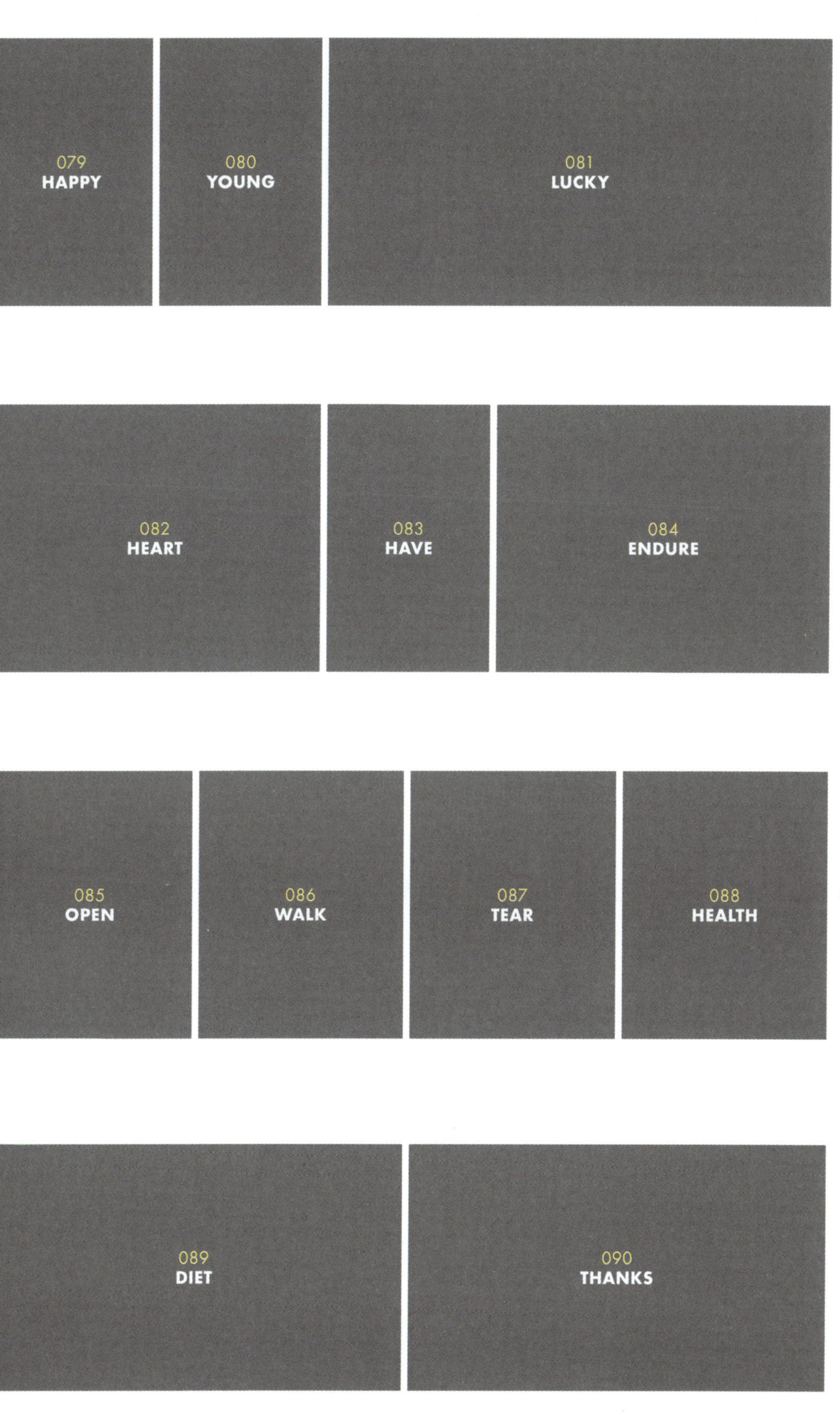
079
HAPPY
080
YOUNG
081
LUCKY
082
HEART
083
HAVE
084
ENDURE
085
OPEN
086
WALK
087
TEAR
088
HEALTH
089
DIET
090
THANKS

TRAVEL

CLEAN

NOW

HOPE

091
TRAVEL
092
CLEAN
093
NOW
094
LIE
095
EMPTY
096
RELAX
097
WEAK
098
WISH
099
END
100
LIFE